Made in the USA
Las Vegas, NV
07 August 2024

93474462R00056